As mulheres
segundo Papa Francisco

Testemunhas da beleza do mundo

As mulheres
segundo Papa Francisco

Testemunhas da beleza do mundo

Trechos de discursos e homilias
sobre a importância das mulheres
na Igreja e na sociedade

Dados Internacionais de Catalogação na Publicação (CIP)
(Câmara Brasileira do Livro, SP, Brasil)

As Mulheres segundo Papa Francisco : testemunhas da beleza do mundo /
[organização Andréia Schweitzer, Marina Mendonça]. -- São Paulo : Paulinas,
2019. -- (Fé e anúncio)

Bibliografia
ISBN 978-85-356-4503-3

1. Amor 2. Espiritualidade 3. Francisco, Papa, 1936- 4. Mulheres cristãs
- Vida religiosa - Cristianismo 5. Mulheres na Igreja I. Schweitzer, Andréia.
II. Mendonça, Marina. III. Série.

19-24304   CDD-282.082

Índice para catálogo sistemático:

1. Mulheres na Igreja Católica : Cristianismo   282.082

Maria Alice Ferreira - Bibliotecária - CRB-8/7964

Direção-geral: *Flávia Reginatto*
Organização: *Andréia Schweitzer*
Marina Mendonça
Revisão: *Ana Cecília Mari*
Gerente de produção: *Felicio Calegaro Neto*
Capa e diagramação: *Tiago Filu*

1ª edição – 2019
2ª reimpressão – 2023

Nenhuma parte desta obra poderá ser reproduzida ou transmitida
por qualquer forma e/ou quaisquer meios (eletrônico ou mecânico,
incluindo fotocópia e gravação) ou arquivada em qualquer sistema ou
banco de dados sem permissão escrita da Editora. Direitos reservados.

Paulinas
Rua Dona Inácia Uchoa, 62
04110-020 – São Paulo – SP (Brasil)
Tel.: (11) 2125-3500
http://www.paulinas.com.br – editora@paulinas.com.br
Telemarketing e SAC: 0800-7010081
© Pia Sociedade Filhas de São Paulo – São Paulo, 2019

"Não somos órfãos: temos uma mãe no céu,
que é a Santa Mãe de Deus.
Porque nos ensina a virtude da esperança,
até quando tudo parece sem sentido:
ela permanece sempre confiante no mistério de Deus,
até quando ele parece desaparecer
por culpa do mal do mundo."
(Papa Francisco)

Introdução

Desde o início de seu pontificado, o Papa Francisco salienta a importância das mulheres na Igreja e na sociedade. Em muitas ocasiões, ele recorda as figuras femininas que mais influenciaram seu caminho de fé, como sua mãe, sua avó ou a jovem noviça das Pequenas Irmãs da Assunção que o segurou nos braços assim que ele nasceu.

Papa Francisco dedica muitas homilias às mulheres, às figuras bíblicas e, em particular, à Virgem Maria. Segundo ele, "a mulher é portadora de harmonia na Igreja e no mundo, porque quem nos trouxe Jesus é uma mulher. É o caminho escolhido por Jesus". "É a mulher que nos ensina a acariciar, a amar com ternura, e que faz do mundo uma coisa bonita."

É essa mesma ternura que Francisco transmite ao mundo, porque, segundo ele, o pregador também *é uma mãe*: "O espírito de amor que reina numa família guia tanto a mãe como o filho nos seus diálogos, nos quais se ensina e aprende, se corrige e valoriza o que é bom; assim deve acontecer também na homilia" (EG 139).

O futuro das nossas sociedades exige da parte de todos, especialmente das instituições, uma atenção concreta à vida e à maternidade.

Recordemos, com gratidão e carinho, todas as mães, inclusive as nossas mães no Céu, confiando-as a Maria, Mãe de Jesus.

E agora lhes faço uma proposta: permaneçamos alguns instantes em silêncio, e cada qual reze pela sua própria mãe.

*"Senhor, esteja sobre nós a tua graça,
do modo como em ti esperamos."
(Salmo 33)*

Quando um filho cresce, torna-se adulto, caminha com as próprias pernas, faz o que quer e, às vezes, pode até sair do caminho. Em todas as situações, a mãe tem sempre a paciência de continuar a acompanhar os filhos. O que a impele é a força do amor; a mãe sabe acompanhar com discrição e ternura o caminho dos filhos e, até quando erram, procura sempre o modo de os compreender, para estar próxima, para ajudar. [...]

Penso nas mães que sofrem pelos filhos na prisão, ou em situações difíceis: não se perguntam se são culpados ou não, continuam a amá-los e muitas vezes sofrem humilhações, mas não têm medo, não deixam de se doar.

A mãe sabe também pedir, bater a todas as portas pelos próprios filhos, sem calcular. E as mães sabem também, sobretudo, bater à porta do coração de Deus. As mães rezam muito pelos seus filhos, especialmente pelos mais frágeis, por quantos enfrentam maiores necessidades, por aqueles que na vida empreenderam caminhos perigosos ou errados.

Uma coisa é viver na esperança, porque na esperança estamos salvos, e outra coisa é viver como bons cristãos, nada mais. Viver na espera da revelação ou viver bem com os mandamentos, estar ancorado na margem de lá ou estacionado na lagoa artificial.

Penso em Maria, uma jovem, que, depois de ouvir que era mãe, mudou a sua atitude e foi, ajudou e cantou aquele hino de louvor.

Quando uma mulher fica grávida é mulher, mas nunca mais é (só) mulher: é mãe. E a esperança tem algo disto. Muda a nossa atitude: somos nós, mas não somos nós; somos nós, buscando lá, ancorados lá.

O Senhor ajuda os jovens hebreus em escravidão a sair das dificuldades, e também a viúva é ajudada pelo Senhor. Há o elogio de Jesus a ela e, atrás do elogio, há também uma vitória.

Fará bem a nós pensar nesses irmãos e irmãs que, em toda a nossa história, também hoje, fazem escolhas definitivas. Mas pensamos também em tantas mães, em tantos pais de família que cada dia fazem escolhas definitivas para seguir avante com a sua família, com os seus filhos. E isso é um tesouro na Igreja. Eles nos dão testemunho e, diante de tantos que nos dão testemunho, peçamos ao Senhor a graça da coragem, da coragem de ir avante na nossa vida cristã, nas situações habituais, comuns, de cada dia, e também nas situações extremas.

"Aclamai e superexaltai
o Senhor para sempre."
(Daniel 3)

O Evangelho nos faz refletir sobre uma mulher valente, uma cananeia, isto é, uma pagã, que pede a Jesus que liberte a filha do demônio. É uma mãe desesperada, e uma mãe, diante da saúde de um filho, faz de tudo. Jesus explica a ela que veio antes para as ovelhas da casa de Israel, mas explica-lhe com uma linguagem dura: "Deixa primeiro que se saciem os filhos, porque não fica bem tirar o pão dos filhos e lançá-los aos cachorros". Esta mulher, que certamente não frequentara a universidade, sabia como responder. E responde não com a sua inteligência, mas com as suas entranhas de mãe, com o seu amor: "Mas também os cãezinhos comem o que cai da mesa; dá-me estas migalhas a mim". Esta mulher não teve vergonha, e pela fé dela Jesus fez para ela o milagre.

Devemos dizer a verdade: nem toda vida cristã é uma festa. Nem toda! Chora-se, tantas vezes se chora. Quando se está doente; quando se tem um problema na família com o filho, com a filha, a mulher, o marido; quando o salário não chega ao fim do mês e se tem um filho doente; quando não se pode pagar o empréstimo da casa e se tem de sair... Tantos problemas, tantos que temos. Mas Jesus nos diz: "Não tenha medo!". [...]

Existe também outra tristeza: a tristeza que vem a todos nós quando andamos por um caminho que não é bom. Quando, para dizer de maneira simples, vamos comprar a alegria, a alegria do mundo, do pecado, no final há um vazio dentro de nós, há tristeza. E esta é a tristeza da alegria má.

A alegria cristã, ao contrário, é uma alegria em esperança, que chega. Mas, no momento da prova, nós não a vemos. É uma alegria purificada pelas provações e também pelas provações de todos os dias: "A vossa tristeza se transformará em alegria". [...]

Para entender a tristeza que se transforma em alegria, Jesus toma o exemplo da mulher que dá à luz: é verdade, no parto a mulher sofre muito, mas depois, quando tem a criança consigo, se esquece.

O que fica, portanto, é a alegria de Jesus, uma alegria purificada. Essa é a alegria que fica. Uma alegria escondida em alguns momentos da vida, que não se sente nos momentos feios, mas que vem depois: uma alegria em esperança. [...]

Ser corajoso no sofrimento e pensar que depois vem o Senhor, depois vem a alegria, depois da escuridão vem o sol. Que o Senhor nos dê a todos nós esta alegria em esperança.

*"Deus é para nós refúgio e força,
defensor poderoso no perigo."
(Salmo 46)*

Deus salva o seu povo não de longe, mas tornando-se próximo, com ternura. Em Isaías 41,13-20 Deus se apresenta como uma mãe, como uma mãe que dialoga com o seu filhinho: uma mãe quando canta a canção de ninar à criança e imita a voz da criança e se faz pequena como a criança e fala com o tom da criança [...] E o acaricia, e o aproxima mais dela. E Deus faz assim. É a ternura de Deus. Está tão próximo de nós que se exprime com esta ternura: a ternura de uma mãe.

Deus nos ama gratuitamente como uma mãe ama o seu filhinho. E a criança se deixa amar. Esta é a graça de Deus.

"Meu Deus,
nossos filhos sejam como plantas
que crescem na juventude;
nossas filhas, como colunas talhadas
na construção do templo."
(Salmo 144)

"O Senhor abençoará seu povo com a paz."
(Salmo 28)

Devemos levar a sério a mensagem do Senhor, [...] o ser humano é capaz de fazer muito bem. Como o exemplo de Madre Teresa, uma mulher do nosso tempo. Todos nós somos capazes de fazer muito bem, mas todos nós somos capazes também de destruir; destruir no grande e no pequeno, na própria família; destruir os filhos, não os deixando crescer com liberdade, não os ajudando a crescer bem; anular os filhos. Temos esta capacidade, por isso a meditação contínua é necessária, a oração, a confrontação entre nós, para não cair nesta malvadeza que tudo destrói.

Cada pessoa humana deve a vida a uma mãe, e quase sempre lhe deve muito da própria existência sucessiva, da formação humana e espiritual. Contudo, a mãe, embora seja muito exaltada sob o ponto de vista simbólico – muitas poesias, muitas coisas bonitas se dizem poeticamente sobre a mãe –, é pouco escutada e pouco ajudada no dia a dia, pouco considerada no seu papel central na sociedade. [...]

Seria necessário compreender melhor a sua luta cotidiana para serem eficientes no trabalho e diligentes e afetuosas em família; seria necessário compreender melhor quais são as suas aspirações a fim de expressar os frutos melhores e autênticos da sua emancipação. [...]

As mães são o antídoto mais forte contra o propagar-se do individualismo egoísta. "Indivíduo" quer dizer "que não se pode dividir". As mães, ao contrário, "dividem-se", a partir do momento em que hospedam um filho para dá-lo à luz e fazer crescer. São elas, as mães, que mais odeiam a guerra, que mata os seus filhos. São elas que testemunham a beleza da vida. [...]

Ser mãe não significa somente colocar um filho no mundo, mas é também uma escolha de vida.

O que escolhe uma mãe, qual é a escolha de vida de uma mãe? A escolha de vida de uma mãe é a escolha de dar a vida. E isso é grande, é bonito.

Uma sociedade sem mães seria uma sociedade desumana, porque as mães sabem testemunhar sempre, mesmo nos piores momentos, a ternura, a dedicação, a força moral. As mães transmitem, muitas vezes, também o sentido mais profundo da prática religiosa: nas primeiras orações, nos primeiros gestos de devoção que uma criança aprende, está inscrito o valor da fé na vida de um ser humano. É uma mensagem que as mães que acreditam sabem transmitir sem tantas explicações: estas chegarão depois, mas a semente da fé está naqueles primeiros, preciosíssimos momentos. Sem as mães, não somente não haveria novos fiéis, mas a fé perderia boa parte do seu calor simples e profundo. E a Igreja é mãe, com tudo isso, é nossa mãe! Nós não somos órfãos, temos uma mãe! Nossa Senhora, a mãe Igreja e a nossa mãe. Não somos órfãos, somos filhos da Igreja, somos filhos de Nossa Senhora e somos filhos das nossas mães.

Paulo recorda a Timóteo de onde vem a sua "fé pura": recebeu-a do Espírito Santo "através da mãe e da avó". São as mães, as avós, que transmitem a fé. E acrescenta: "Uma coisa é transmitir a fé e outra coisa é ensinar as coisas da fé. A fé é um dom. Não se pode estudar a fé. Estudam-se as coisas da fé, sim, para entendê-la melhor, mas com o estudo nunca se chega à fé. A fé é um dom do Espírito Santo, é um presente, que vai além de toda preparação". E é um presente que passa através do belo trabalho das mães e das avós, o belo trabalho dessas mulheres numa família; pode ser também uma doméstica, pode ser uma tia, que transmitem a fé.

Vem-me à mente: mas por que são principalmente as mulheres a transmitir a fé? Simplesmente porque quem nos trouxe Jesus foi uma mulher. Foi o caminho escolhido por Jesus. Ele quis ter uma mãe: também o dom da fé passa pelas mulheres, como Jesus por Maria.

"Vinde, exultemos no Senhor."
(Salmo 95)

Esperança, coragem, obediência, silêncio, escuta e presença são os elementos que nutrem o amor filial dos cristãos por Maria.

O "sim" de Maria foi corajoso: ainda na flor da idade, ela respondeu com coragem, não obstante nada soubesse do destino que a esperava. Maria, naquele instante, parece uma das muitas mães do nosso mundo, corajosas até o extremo quando se trata de acolher no próprio ventre a história de um novo homem que nasce. [...]

Às mães deste tempo, diante de tantas dificuldades, há a possibilidade de imitar o perfil belíssimo da psicologia de Maria, que não é uma mulher que se deprime ante as incertezas da vida, especialmente quando nada parece correr bem. Nem sequer uma mulher que protesta com violência, que se enfurece contra o destino da vida que muitas vezes nos revela um semblante hostil. Ao contrário, é uma mulher que ouve. A escuta tem uma grande relação com a esperança. Maria acolhe a existência do modo como se apresenta a nós, com os seus dias felizes, mas também com as suas tragédias que nunca gostaríamos de ter encontrado. Até a noite suprema de Maria, quando o seu Filho foi pregado na cruz.

A presença de Maria nos momentos mais importantes da vida de Jesus, até quando grande parte dos amigos havia fugido por ter medo, revela uma virtude: as mães não traem. Maria está fielmente presente, cada vez que surge a necessidade de manter uma vela acesa num lugar de bruma e neblina. [...] Maria está presente no nascimento da Igreja. Ela, mãe de esperança, no meio daquela comunidade de discípulos tão frágeis: um negou, muitos fugiram, todos sentiram medo. Mas ela simplesmente estava ali, do modo mais normal, como se fosse algo totalmente natural: na primeira Igreja envolvida pela luz da Ressurreição, mas também pelos tremores dos primeiros passos que devia dar no mundo.

Maria, a Mãe que Jesus ofereceu a todos nós, possa sempre amparar os nossos passos e dizer ao nosso coração: "Levante-se! Olhe em frente, olhe para o horizonte", porque ela é Mãe de esperança.

Só a força das mulheres é capaz de resistir a uma colonização cultural e ideológica. E o segredo da capacidade das mulheres de defender com coragem e ternura a história de um povo está na transmissão da fé, apostando na memória e no dialeto, na capacidade de se fazer entender pelas crianças, ensinando-lhes os valores autênticos e salvando-as das doutrinações. [...]

É interessante, na Bíblia, a palavra que a mãe diz ao filho mais jovem dos Macabeus: "Mostre-se digno dos seus irmãos, mostre-se digno do seu povo. Tenha memória. Não a regateie". É um convite a guardar a memória: a memória da salvação e do povo de Deus, aquela memória que fortalecia a fé do povo perseguido pela colonização ideológico-cultural. E é a memória que nos ajuda a derrotar qualquer sistema educativo perverso: recordar os valores, a história, aquilo que aprendemos. O texto diz que a mãe falava duas vezes "na língua dos pais": falava em dialeto. [...] E falava temperando a ternura feminina com uma coragem viril: isso nos faz pensar que só a força das mulheres é capaz de resistir a uma colonização cultural. Uma palavra: "resistência", que tem um profundo eco histórico.

Até hoje estamos diante de muitas colonizações que querem destruir tudo e começar de novo.

Colonizações que já apresentam novos valores e a história começa aqui, o resto passou. Acontece cada vez que na terra surge uma nova ditadura cultural ou ideológica, ou colonização. Mas duas coisas defendem-nos sempre: a memória e o dialeto. E quem leva em frente a memória e o dialeto? As mulheres, que são mais fortes que os homens. Como se transmite a fé? Em dialeto! A fé verdadeira aprende-se dos lábios da mãe, o dialeto que só a criança pode conhecer. Depois, os teólogos a explicarão, mas a transmissão deriva dali. E esse é um exemplo do modo como as mães, as mulheres, são capazes de defender um povo, a história de um povo, os filhos: transmitir a fé. [...]

Que na Igreja o Senhor nos conceda sempre a graça de ter memória, de não esquecer o dialeto dos pais e de poder contar com mulheres corajosas.

*"A quem caminha retamente
farei experimentar a salvação de Deus."
(Salmo 50)*

A vida do cristão deve ser sempre fecunda e o seu coração deve estar sempre aberto para receber e dar vida. A fecundidade material ou espiritual na Bíblia é sempre um sinal de Deus e da sua bênção. [...]

A Bíblia fala de mulheres estéreis. Mulheres que não podiam ter filhos ou que, como Isabel, tinham perdido a esperança de tê-los por causa da idade avançada. Tratava-se de uma verdadeira calamidade para a época. A esterilidade era uma vergonha; não poder dar filhos, não poder ter uma descendência. [...]

A fecundidade é sempre uma bênção de Deus. Quer seja fecundidade material ou espiritual, porque a substância é uma: "dar vida". Com efeito, uma pessoa pode não casar, mas pode viver dando vida aos outros. [...]

Para ilustrar esse conceito, os profetas escolheram símbolos muito bonitos, como, por exemplo, o deserto, que se caracteriza precisamente pela falta de fecundidade, pela sua aridez: mas o deserto – dizem – florescerá. O milagre da fecundidade: a aridez encher-se-á de água. Reconhece-se nesse pormenor a promessa de Deus. Deus é fecundo. É fecundo em nós com a presença do Espírito Santo;

é fecundo e quer ser fecundo para conosco. Fecundo nas obras.

Está aqui um berço vazio. Podemos vê-lo. Pode ser símbolo de esperança, porque virá o Menino; pode ser um objeto de museu: vazio para sempre. Se o nosso coração é o berço, devemos perguntar-nos: "Como está o meu coração?". Vazio, sempre vazio. Mas está aberto para receber continuamente vida e dar vida, para receber e ser fecundo ou será um coração conservado como objeto de museu que nunca se abriu à vida nem deu vida?

Sugiro que olhemos para este berço vazio, olhemos para a possibilidade de que cada um de nós possa permanecer estéril tanto física como espiritualmente e dizer como diz a Igreja: "Venha, Senhor, ocupe o berço. Encha o meu coração e ajude-me a dar vida, a ser fecundo".

As palavras de Nossa Senhora são palavras de mãe. Inicialmente, são palavras de disponibilidade à vontade de Deus e de louvor a Deus no *Magnificat*; após, todas as palavras de Nossa Senhora são palavras de mãe. Ela está sempre com o Filho, também nas atitudes: acompanha o Filho, segue o Filho. E muito antes, em Nazaré, ela o faz, cria, educa, mas depois o segue: "A sua mãe está ali". Maria é mãe desde o início, a partir do momento em que aparece nos Evangelhos, do momento da Anunciação até o fim, ela é mãe. Referindo-se a ela, não se diz "a senhora" ou "a viúva de José". Maria é sempre "mãe".

Maria, mãe; a Igreja, mãe; a nossa alma, mãe. Pensemos nesta grande riqueza da Igreja e nossa; e deixemos que o Espírito Santo nos fecunde, a nós e à Igreja, a fim de que nos tornemos também mães dos outros, com atitudes de ternura, de mansidão, de humildade, certos de que este é o caminho de Maria.

Virgem e Mãe Maria,
vós que, movida pelo Espírito,
acolhestes o Verbo da vida
na profundidade da vossa fé humilde,
totalmente entregue ao Eterno,
ajudai-nos a dizer o nosso "sim"
perante a urgência, mais imperiosa do que nunca,
de fazer ressoar a Boa-Nova de Jesus.

Vós, cheia da presença de Cristo,
levastes a alegria a João, o Batista,
fazendo-o exultar no seio de sua mãe.
Vós, estremecendo de alegria,
cantastes as maravilhas do Senhor.
Vós, que permanecestes firme diante da Cruz
com uma fé inabalável,
e recebestes a jubilosa consolação da ressurreição,
reunistes os discípulos à espera do Espírito
para que nascesse a Igreja evangelizadora.

Alcançai-nos agora um novo ardor de ressuscitados
para levar a todos o Evangelho da vida
que vence a morte.
Dai-nos a santa ousadia de buscar novos caminhos
para que chegue a todos
o dom da beleza que não se apaga.

Vós, Virgem da escuta e da contemplação,
Mãe do amor, Esposa das núpcias eternas,
intercedei pela Igreja, da qual sois o ícone puríssimo,
para que ela nunca se feche nem se detenha
na sua paixão por instaurar o Reino.

Estrela da nova evangelização,
ajudai-nos a refulgir com o testemunho da comunhão,
do serviço, da fé ardente e generosa,
da justiça e do amor aos pobres,
para que a alegria do Evangelho
chegue até os confins da terra
e nenhuma periferia fique privada da sua luz.

Mãe do Evangelho vivente,
Manancial de alegria para os pequeninos,
rogai por nós.

Amém. Aleluia!

(Oração a Virgem Maria – Exortação Apostólica
Evangelii Gaudium)

Imagens: *depositphotos.com*

Pope Francis, Vatican @ palinchak; *Pink rose flowers* @ AntonMatyukha (capa); @ Lenorlux (pp. 5); @ IgorVetushko (pp. 6); @ szefei (pp. 9); @ belchonock (pp. 10); @ ginosphotos1 (pp. 12-13); @ DeepGreen (pp. 14-15); @ rfphoto (pp. 16); @ jbryson (pp. 20-21); @ zatletic (pp. 22); @ DmitryPoch (pp. 26-27); @ shutter2u (pp. 29) @ style67 (pp. 33); @ Molodec (pp. 34); @ curaphotography (pp. 38-39);

Rua Dona Inácia Uchoa, 62
04110-020 – São Paulo – SP (Brasil)
Tel.: (11) 2125-3500
http://www.paulinas.com.br – editora@paulinas.com.br
Telemarketing e SAC: 0800-7010081